144
6
1398

SOCIÉTÉ DES ÉTUDES HISTORIQUES

LE
DIVORCE DE NAPOLÉON Ier

PAR

JULES FABRE

AVOCAT A LA COUR D'APPEL DE PARIS.

Lecture faite à la Séance annuelle de la Société des Études historiques.

AMIENS
TYPOGRAPHIE DE DELATTRE-LENOEL
32, RUE DE LA RÉPUBLIQUE, 32.

1885

Extrait de la Revue de la Société des Études historiques
(Juillet-Août 1885.)

LE DIVORCE DE NAPOLÉON Ier

Le 9 mars 1796, Napoléon Bonaparte, général en chef de l'armée intérieure, épousait, devant l'officier de l'état civil du 2º arrondissement du canton de Paris, Marie-Josèphe-Rose de Tascher, âgée de 28 ans; Bonaparte semblait avoir le même âge, étant né, aux termes de l'acte de naissance qu'il produisait, le 5 février 1768; on sait que c'est de la mention de cet acte que s'emparent ceux qui, discutant encore, dans un intérêt tout platonique d'ailleurs, la date de naissance de Napoléon, prétendent que c'est par erreur qu'on lui a assigné généralement le 15 août 1769.

La cérémonie civile du mariage ne fut pas suivie de célébration religieuse, malgré l'affirmation contraire mais timide, du *Memorial de Sainte-Hélène;* et, peu de jours après, Bonaparte prenait le commandement de l'armée d'Italie.

Le choix qu'avait fait le jeune général ne plut pas à sa famille; Mme Lœtitia, raconte Lucien, n'a pas été contente du mariage de son fils, le général, avec l'ex-marquise de Beauharnais. « La principale
» raison, et même la seule dont elle convint avec nous, était qu'elle
» était trop âgée pour son fils, et qu'elle ne lui donnerait pas d'en-
» fants. »

La froideur, avec laquelle Joséphine fut accueillie par les parents de son mari, ne s'atténua jamais; et, de bonne heure, elle dut se résigner à ne pas compter sur leur sympathie.

A mesure que Napoléon parcourait les différentes étapes de son étrange destinée, et qu'il montait de degrés en degrés jusqu'au sommet de la puissance, l'animosité des frères, des sœurs et des alliés de tout rang s'accentuait, sourde ou déclarée, selon que la faveur de la jeune femme progressait ou diminuait dans l'esprit du chef reconnu de la famille; on suivait avec une attention jalouse les péripéties que traversait cet intérieur troublé, où souvent aux scènes d'expansion affectueuse succédaient, sans transition bien expliquée, les récriminations violentes et les éclats retentissants; et l'on dissimulait mal sa joie lorsque sur le visage ou dans l'attitude des époux on croyait trouver les traces de quelque orage d'un ordre tout intime.

Ces sentiments de la famille Bonaparte pour Joséphine se manifestèrent sans retenue dans une circonstance particulièrement notable.

Lorsque, pour consacrer sa prodigieuse élévation, Napoléon eut obtenu du pape qu'il viendrait présider à la cérémonie du couronnement, on se demanda dans quelle mesure l'impératrice serait admise à y prendre part; les frères de l'empereur, et Joseph surtout, s'efforcèrent de lui démontrer qu'elle ne pouvait être, dans tous les cas, que témoin du sacre; on allait même plus loin; et, comme il paraît que déjà l'idée d'une dissolution du mariage contracté avec Joséphine avait germé dans l'esprit de Napoléon, Joseph croyait le moment venu de hâter l'événement. Il y avait grand intérêt pour l'empereur, disait-il, à épouse quelque princesse étrangère, ou au moins, quelque héritière d'un grand nom en France, et son second mariage pourrait lui offrir l'espoir d'une succession directe.

Napoléon prêtait assez volontiers l'oreille à ces suggestions perfides; il fut presque sur le point d'y céder un jour où, surpris par l'impératrice en tête à tête scabreux avec certaine dame qu'il honorait de ses préférences éphémères, il s'était vu l'objet d'une scène un peu vive et d'ailleurs justifiée. Comme cela se voit souvent quand on a tort, l'empereur s'était emporté; il avait de fureur brisé quelques meubles et, au milieu d'un flot de reproches, signifié à sa femme qu'elle devait se préparer à partir. « Je suis fatigué, s'écria-t-il, » d'une surveillance jalouse; je suis décidé à secouer un pareil joug » et à écouter désormais les conseils de ma politique qui veut que je » prenne une femme capable de me donner des enfants. »

Les ennemis de Joséphine crurent un instant qu'ils triomphaient; leur victoire fut de courte durée. L'impératrice avait paru céder sans résistance aux vues de son époux, et cette soumission, peut-être plus apparente que réelle, en tout cas fort habile, avait amené la réconciliation qu'elle désirait de tous ses vœux. D'autre part, la joie trop bruyante et maladroite des Bonaparte, qui se croyaient déjà débarrassés de leur belle-sœur, avait irrité l'empereur, et contribué, dans une certaine mesure, à un dénouement sur lequel ils ne comptaient pas.

On pouvait donc désormais, se livrant, sans arrière-pensée, aux apprêts du sacre, règlementer sa solennité !

Il avait été définitivement arrêté que Joséphine y figurerait à son rang d'impératrice et que ses belles-sœurs porteraient la queue de son manteau. Joseph, se faisant l'écho des réclamations murmurées autour de lui, avait bien essayé de protester contre la mission imposée aux princesses ; il dut bientôt se soumettre et, à titre de concession, il fut convenu que le procès-verbal officiel de la cérémonie mentionnerait simplement qu'elles avaient été chargées de « soutenir » le manteau de l'impératrice, ce qui n'empêcha pas qu'au moment où il fallut marcher de l'autel au trône elles montrèrent tant de mauvaise grâce que l'empereur intervint en leur adressant quelques mots secs et fermes, « qui mirent tout le monde en mouvement. »

De ces divers incidents il résulte que la perspective d'un divorce s'était, dès ce moment, très nettement présentée ; c'était comme une idée fixe qui hantait les pensées de l'empereur, et qui gagnait du terrain ou en perdait, selon le cours des événements et les sollicitations dont il était l'objet.

Plusieurs ordres de considération militaient en faveur de la rupture ; d'abord, le désir, bien naturel pour Napoléon, de transmettre à un fils l'empire qu'il avait fondé, car la certitude de n'avoir jamais de sa femme un héritier direct de sa puissance le mettait au désespoir, et on l'entendait parfois s'interrompre au milieu d'un travail pour s'écrier : « A qui laisserai-je tout cela » ?

Puis, l'amour propre de l'ancien petit officier d'artillerie était flatté à la perspective de voir un jour à ses côtés, Joséphine ayant disparu, une fille de sang royal ou de noble race.

Enfin, la politique de l'empereur pouvait espérer quelque profit d'une alliance avec une des grandes puissances européennes, qui se trouverait ainsi détachée — on l'espérait du moins — des coalitions formées contre la France.

Napoléon avait toujours entouré d'une affection très franche le prince Louis, fils aîné d'Hortense de Beauharnais et du roi de Hollande ; certains bruits — de ceux que l'on peut répandre sans crainte quand on est sans scrupules, parce qu'on sait qu'ils ne seront jamais absolument vérifiés ou démentis — certains bruits, disons-nous, attribuaient cette affection quasi-paternelle à des raisons... que l'on devine ; toujours est-il que la mort de l'enfant, survenue en 1806, causa un vif chagrin à l'empereur, et qu'il semble que dès lors l'éventualité du divorce ait pris une très sérieuse consistance ; on commençait à en parler tout bas, et les langues allaient leur train.

Napoléon alla même jusqu'à entretenir Joséphine de ses desseins ; c'était, en général, lorsqu'une querelle s'élevait entre les époux que l'empereur jetait à travers la discussion quelques allusions fort claires à ses projets de séparation.

D'autres fois, c'était au contraire aux heures de tendresse qu'il s'efforçait de faire appel aux sentiments généreux de sa femme et de la persuader par la douceur.

« Ce serait à toi, lui disait-il, de m'aider à ce sacrifice ; je comp-
» terais sur ton amitié pour me sauver de tout l'odieux de cette
» rupture forcée. Tu prendrais l'initiative, n'est-ce pas ? et, entrant
» dans ma position, tu aurais le courage de décider toi-même de ta
» retraite ? »

Joséphine ne paraissait pas disposée à se laisser si facilement convaincre ; et, loin « d'entrer dans la position de l'empereur », elle mettait dans sa résistance une patience et une douceur à la fois énergiques et habiles.

« Vous êtes le maître, répondait-elle, et vous déciderez de mon
» sort. Quand vous m'ordonnerez de quitter les Tuileries, j'obéirai à
» l'instant ; mais c'est bien le moins que vous l'ordonniez d'une ma-
» nière positive. Si vous divorcez, la France entière saura que vous
» me chassez ; et elle n'ignorera ni mon obéissance ni ma profonde
» douleur. »

Au fond, l'impératrice souffrait cruellement ; et sachant que son époux ne reculait jamais devant rien pour obéir à ce qu'il appelait les nécessités de la politique, elle se prit même à craindre que quelque entreprise ne fût dirigée contre ses jours ; aussi n'était-elle qu'à demi-rassurée lorsqu'une de ses dames d'honneur lui disait pour toute consolation : « Madame, soyez sûre qu'il n'est pas capable d'aller jusque-là ! » Une défense ainsi présentée valait presque un réquisitoire.

Dans le courant de 1807, la cour s'installa à Fontainebleau ; au milieu des distractions légères et des plaisirs frivoles, Joséphine reprenait quelque tranquillité d'esprit, lorsque certaines paroles de Fouché ranimèrent toutes ses alarmes ; il poussa la hardiesse plus loin, et lui remit un jour une sorte de mémoire où il tentait de démontrer que de la dissolution du mariage de Napoléon dépendait l'avenir de la France. C'était la première fois qu'une tierce personne faisait, s'adressant directement à Joséphine, allusion à des projets, qu'elle savait médités par l'empereur, mais qu'elle croyait encore enveloppés de mystère.

Fouché ne s'était certainement pas permis une pareille incartade sans l'assentiment de son maître ; ce qui n'empêcha pas celui-ci, à qui l'impératrice était allée porter ses doléances, d'entrer dans une violente colère et de s'écrier qu'il tancerait le personnage — s'il le trouvait à Fontainebleau ; il n'ignorait pas, sans doute, que, quelques heures auparavant, le ministre était parti pour Paris.

« C'est un excès de zèle, disait Napoléon à sa femme, en manière
» d'explication ; il ne faut pas lui en savoir mauvais gré au fond. Il
» suffit que nous soyons déterminés à ne pas suivre ses avis, et que
» tu croies bien que je ne pourrais pas vivre sans toi. »

A Paris, Fouché essaya, en recourant aux moyens que lui donnaient ses attributions spéciales, de provoquer un mouvement d'opinion publique ; dans certains lieux de réunion on agita la question du divorce ; les cercles commençaient à parler de la nécessité pour l'empereur d'avoir un héritier. On projeta même de se réunir en groupes sous les fenêtres des Tuileries et de demander à haute voix un autre mariage. Il fallut, pour arrêter des manifestations dont la sincérité ne pouvait tromper personne, l'intervention de Talleyrand qui, bien que partisan d'une rupture avec Joséphine, n'en croyait pas le moment venu ; il trouva, pour provoquer l'ordre de faire cesser ces manœuvres un argument qui dut frapper l'esprit de son interlocuteur. « Quand vous aurez, disait-il à l'empereur, accoutumé le
» peuple à se mêler de vos affaires par de pareilles tentatives, savez-
» vous s'il n'y prendra pas goût, et ce qu'on l'enverra vous demander
» ensuite ? »

Les fiévreuses alternatives de crainte et d'espoir, par lesquelles passait alors Joséphine peignaient bien l'irrésolution, en ce point, des pensées de son mari, qui ne craignait pas de dire et de démontrer à ceux qui l'entouraient les avantages d'un divorce, et, l'instant d'après, d'assurer l'impératrice, au milieu d'une scène d'expansion, qu'il ne se déciderait jamais à la quitter. Elle exerçait encore sur lui, par les ressources de son intelligence et la puissance de sa beauté, un irrésistible ascendant.

Cependant, les événements qui se déroulaient à l'extérieur vinrent, pour un temps, faire diversion : la guerre d'Espagne, l'entrevue d'Erfurth, les démêlés avec le pape et la campagne d'Autriche semblèrent détourner l'esprit de Napoléon des préoccupations d'un autre ordre qui l'avaient assiégé.

Mais une nouvelle série de victoires est couronnée, le 14 octobre 1809, par le traité de Vienne, et l'empereur revient en France.

Cette fois, la dissolution du mariage est résolue sans retour ; déjà même, il semble que des négociations secrètes aient été ébauchées en prévision d'une union nouvelle ; le bruit s'en était mystérieusement répandu, et deux officiers autrichiens avaient dit un jour à l'un des aides de camp du prince Eugène : « Peut-être verrez-vous nos archi-
» ducs, à Paris, plus tôt que vous ne pensez ; peut-être, la paix faite,
» verrez-vous d'autres alliances qui en seront le résultat. »

Napoléon avait annoncé son arrivée à Fontainebleau pour le 27 octobre ; mais le voyage s'accomplit avec une rapidité telle qu'il y parvint dès la veille vers 9 heures du matin. Personne ne se trouvait là pour le recevoir ; Cambacérès se présenta le premier dans la journée ; et, dès que l'empereur l'eût revu, il lui fit part de la détermination qu'il avait prise. Sans doute, il lui était pénible de se séparer de Joséphine ; mais il voulait assurer l'avenir de son trône glorieux.

Cambacérès essaya bien quelques objections tirées, notamment, de la faveur dont jouissait l'impératrice au dehors, et de l'affection qu'elle inspirait ; Napoléon répondit en maître absolu, décidé à renverser tous les obstacles. Il savait bien que rien ne lui résisterait, et, durant cet entretien, dit celui qui le rapporte, il avait l'air de se promener au milieu de sa gloire.

Joséphine ne parut que dans l'après-midi ; elle était parfaitement heureuse et tranquillisée ; quelques jours auparavant, son mari lui avait écrit d'Allemagne qu'il se faisait une fête de la revoir, et qu'il attendait ce moment avec impatience ; elle l'avait cru sur parole ; de sa part, c'était une naïveté !

Dès qu'elle apprit l'arrivée prématurée de l'empereur et l'entretien avec Cambacérès, ses pressentiments douloureux se réveillèrent ; le froid accueil de Napoléon la recevant par ces simples mots « vous voilà, Madame ; vous faites bien, car j'allais partir pour Saint-Cloud », confirma ses craintes, qui redoublèrent le soir même, quand elle s'aperçut que la porte de communication secrète entre ses appartements privés et ceux de l'empereur avait été murée. Elle demandait l'explication de cet incident aux personnes qui l'entouraient, mais n'osait pas s'adresser à celui qui seul aurait pu la lui donner.

Le séjour de la Cour à Fontainebleau, où se rencontrait une foule joyeuse et brillante, fut marqué d'une série de fêtes ininterrompues, auxquelles l'empereur prit part avec une sorte d'affectation calculée ; le *Moniteur* enregistrait complaisamment les parties de chasse de Sa Majesté, le nombre de lieues qu'il faisait à cheval et l'air de santé qu'il portait sur le visage, « ce qui, disait la feuille officielle, a
» agréablement surpris, vu les faux bruits qui avaient couru, et
» qu'avait accrédités le voyage du docteur Corvisart à Vienne ».

Napoléon se montrait particulièrement empressé auprès de quelques-unes de ses belles visiteuses, comme s'il eût voulu exciter la jalousie de celle qu'il ne considérait déjà plus comme sa femme.

Joséphine se voyait perdue et ne conservait pas le moindre doute sur le sort qui lui était réservé. On revint à Paris le 14 novembre ; l'empereur, pour éviter un tête à tête gênant, fit la route à cheval.

Rentré aux Tuileries, il se montra plus froid et plus dur que jamais ; sous le plus futile prétexte, il se livrait à des récriminations sans fin, et semblait vouloir ainsi provoquer un éclat.

Cependant, il avait fait donner au prince Eugène l'ordre d'arriver à Paris, et à Hortense celui d'y rester ; il voulait que l'un et l'autre fussent auprès de leur mère aux heures décisives qui se préparaient.

Cambacérès et Champagny furent invités à arrêter les formes du divorce.

On avait d'abord songé à recourir, pour sauver les apparences, à une décision de justice ; mais le président du tribunal civil, Berthereau, ayant été consulté, s'était prononcé contre les projets de l'empereur, et aurait déclaré que ce qu'il pensait comme jurisconsulte il n'hésiterait pas à l'appliquer comme magistrat; il eût été imprudent d'insister. Le président Berthereau paya d'ailleurs plus tard d'une mise à la retraite brusque et prématurée son acte de fière indépendance.

On se préoccupa bien un peu aussi du sénatus-consulte qui, quelques années auparavant, le 30 mars 1806, avait réglé le statut de l'état-civil de la maison impériale, et décidé que le divorce était interdit aux membres de la famille de tout sexe et de tout âge; le texte était formel: il n'était pas possible de tourner la difficulté; on résolut de la méconnaître; la volonté de l'empereur était, disait-on, plus impérieuse que tous les sénatus-consultes; avec de tels principes rien ne s'opposait à ce que le divorce, fondé sur le consentement mutuel des époux, fût prononcé.

Il s'agissait de prévenir Joséphine; et il fallait trouver quelqu'un voulant bien se charger de cette mission qui était de nature à étonner tous les dévouements; plusieurs de ses familiers, auxquels Napoléon s'adressa, entre autres M. de la Valette, s'étaient respectueusement esquivés.

L'impératrice vivait, depuis plusieurs semaines, dans une perpétuelle angoisse, et l'on remarquait déjà la grande altération de ses traits.

Le jeudi 30 novembre, l'attitude des deux époux, pendant le dîner qui leur était servi, fut plus froide que jamais; on n'échangea que quelques paroles banales, et, le repas achevé, Napoléon, pénétrant dans son cabinet où sa femme le suivait, fit signe qu'il voulait qu'on ne les dérangeât point.

Dans le salon de service se tenaient silencieux M. de Bausset, préfet du Palais impérial, et le valet de chambre Constant.

Soudain, on entend des cris violents; Constant veut s'élancer, mais le Préfet le retient en lui faisant observer que l'empereur appellerait, s'il le jugeait convenable.

Napoléon paraît: « Entrez, Bausset! dit-il vivement, et fermez la porte! »

L'impératrice est étendue sur le tapis et se lamente. « Êtes-vous

» assez fort, demande l'empereur, pour enlever Joséphine et la porter
» chez elle par l'escalier intérieur qui communique à son apparte-
» ment, afin de lui faire donner les soins et les secours que son état
» exige? »

« J'obéis, raconte dans ses *Mémoires* M. de Bausset, auquel il
» importe de laisser un instant la parole, j'obéis et je soulevai cette
» princesse, que je croyais atteinte d'une attaque de nerfs. Avec
» l'aide de Napoléon, je l'enlevai dans mes bras, et lui-même, prenant
» un flambeau sur la table, m'éclaira et ouvrit la porte du salon,
» qui, par un couloir obscur, conduisait au petit escalier dont il
» m'avait parlé. Parvenus à la première marche de cet escalier,
» j'observai à Napoléon qu'il était trop étroit pour qu'il me fût
» possible de descendre sans danger de tomber. Il appela de suite le
» gardien du portefeuille qui, jour et nuit, était placé à l'une des
» portes de son cabinet, qui avait entrée sur le palier de ce petit
» escalier. Napoléon lui remit le flambeau, dont nous avions peu de
» besoin, puisque ces passages étaient déjà éclairés. Il ordonna à ce
» gardien de passer devant, prit lui-même les deux jambes de Joséphine
» pour m'aider à descendre avec plus de ménagement. Mais je vis le
» moment où, embarrassé par mon épée, nous allions tous tomber ;
» heureusement, nous descendîmes sans accident, et déposâmes ce
» précieux fardeau sur une ottomane, dans la chambre à coucher.
» L'empereur se porta de suite au cordon des sonnettes et fit venir les
» femmes de l'impératrice.

« Lorsque dans le salon d'en haut, poursuit M. de Bausset,
» j'enlevai l'impératrice, elle cessa de se plaindre ; je crus qu'elle se
» trouvait mal ; mais dans le moment où je m'embarrassai dans mon
» épée, au milieu du petit escalier dont j'ai déjà parlé, je fus obligé
» de la serrer davantage pour éviter une chute qui aurait été funeste
» aux acteurs de cette douloureuse scène, parce que nos positions
» n'étaient pas la suite d'un arrangement calculé à loisir. Je tenais
» l'impératrice dans mes bras, qui entouraient sa taille ; son dos était
» appuyé sur ma poitrine, et sa tête était penchée sur mon épaule
» droite. Lorsqu'elle sentit les efforts que je faisais pour m'empêcher
» de tomber, elle me dit tout bas: Vous me serrez trop fort ! Je vis

» alors que je n'avais rien à craindre pour sa santé, et qu'elle n'avait
» pas perdu connaissance un seul instant. »

À lire ce récit, et à retenir les quelques mots soufflés ainsi à M. de Bausset par Joséphine, on se demande si ces scènes pénibles et ces grands éclats n'étaient pas quelque peu simulés ; disons toutefois que, dans toute la suite d'événements que nous rapportons, c'est le seul incident qui contraste, chez l'impératrice, avec l'expression d'une douleur souvent touchante et une attitude toujours digne.

Le préfet du Palais avait rejoint Napoléon dans un petit salon voisin, où il apprit la cause de ce qui venait de se passer ; le divorce était un devoir rigoureux, disait l'empereur. « Je plains Joséphine de
» toute mon âme, ajouta-t-il ; je lui croyais plus de caractère et ne
» m'étais pas préparé à sa douleur. »

Corvisart, Cambacérès, Fouché et la reine Hortense prévenus étaient accourus auprès de l'impératrice qu'ils réussirent à calmer assez rapidement.

Peu de jours après, le prince Eugène arriva ; Hortense, qui s'était portée au devant de lui jusqu'au-delà de Fontainebleau, lui dit les circonstances qui exigeaient sa présence à Paris ; il supporta courageusement le coup qui, frappant sa mère, l'atteignait lui-même dans les hautes et secrètes espérances qu'il avait pu concevoir ; il se déclara prêt, s'il le fallait, à abandonner la vice-royauté d'Italie pour vivre désormais dans la retraite.

En attendant, il persuada Napoléon et Joséphine de la nécessité d'une entrevue dans laquelle les deux époux s'expliqueraient catégoriquement sur la situation respective qui allait leur être faite.

L'entrevue eut lieu, sombre, énervante, prolongée ; mais l'empereur ayant surtout insisté sur cette pensée que le recours au divorce était pour lui l'accomplissement d'un devoir politique, Joséphine finit par répondre, sur les conseils d'Eugène, que, puisqu'il y allait du bonheur de la France, cette considération dominait toutes les autres.

Quelques jours s'écoulèrent, plus calmes d'apparence, que l'impératrice traversa entourée de ses enfants et de ses amis, s'abstenant d'aller le soir au cercle de la cour, dont M%me% Lætitia fit les honneurs.

Depuis le moment où, dans la scène que nous avons reproduite, elle avait été, de la bouche même de son époux, fixée sur son sort, jusqu'au jour, maintenant très proche, où le divorce devait être prononcé, Joséphine ne se montra en public que deux fois : au *Te Deum* célébré à Notre-Dame, à l'occasion de l'heureuse issue de la dernière campagne, et au bal splendide qu'offrit la ville de Paris au souverain victorieux.

Dans ces deux cérémonies, l'infortunée ne put, malgré tous ses efforts, dissimuler ses graves soucis ; les larmes de ses yeux démentaient ouvertement le sourire de ses lèvres.

« Joséphine était encore belle ; il était impossible, nous dit un
» contemporain, d'avoir plus de grâce dans les manières et dans le
» maintien ; ses yeux et son regard étaient enchanteurs ; l'ensemble
» de ses traits et de sa voix était d'une douceur extrême ; sa taille
» était noble, souple et parfaite ; le goût le plus pur et l'élégance la
» mieux entendue présidaient à sa toilette et la faisaient paraître
» beaucoup plus jeune qu'elle n'était en effet. »

C'est le 10 décembre que, pour la première fois, une communication officielle dévoila au public les événements qui allaient s'accomplir : à la réception du Corps législatif, qui lui apportait ses félicitations, Napoléon, répondant au discours du Président, dit : « Moi et
» ma famille, nous saurons toujours sacrifier, même nos plus chères
» affections, aux intérêts et au bien-être de cette grande nation.

» Avec l'aide de Dieu et le constant amour de mes peuples, je sur-
» monterai tout ce qui pourrait s'opposer à mes grands desseins. Je
» désire vivre trente ans encore, afin de pouvoir, trente ans, servir
» mes sujets, consolider ce grand empire et voir toutes les prospérités
» que j'ai conçues embellir cette chère France. »

Les formalités du divorce avaient été réglées par Cambacérès, suivant un cérémonial ordonné jusque dans les plus minutieux détails.

Le 15 décembre, à 9 heures du soir, la famille impériale se réunit, en costume de grande cérémonie, dans le cabinet de l'empereur, aux Tuileries. L'archichancelier et Regnault St Jean d'Angely, remplissant les fonctions d'officiers de l'état-civil, avaient été spécialement convoqués. L'impératrice entra, vêtue d'une robe blanche toute simple, sans le moindre ornement ; elle semblait résignée, et, s'appuyant au bras d'Hortense, elle alla s'asseoir sur un fauteuil auprès du prince Eugène, dans le milieu de la pièce.

Napoléon se leva, et, d'une voix presque ferme, il lut un discours dans lequel il dit que la politique de sa monarchie, l'intérêt et le besoin de ses peuples voulaient qu'après lui il laissât à des enfants le trône où la Providence l'avait placé.

« Cependant, depuis plusieurs années, ajouta-t-il, j'ai perdu
» l'espérance d'avoir des enfants de mon mariage avec ma bien-aimée
» épouse, l'impératrice Joséphine. C'est ce qui me porte à sacrifier
» les plus douces affections de mon cœur, à n'écouter que le bien de
» l'État et à vouloir la dissolution de notre mariage.... Il n'est aucun
» sacrifice qui ne soit au-dessus de mon courage, lorsqu'il m'est
» démontré qu'il est utile au bien de la France. »

Napoléon termina en rendant hommage à l'attachement et à la tendresse de celle qu'il quittait et qui avait embelli quinze ans de sa vie.

Joséphine devait répondre; mais elle ne put lire que les premiers mots du papier qu'elle tenait à la main ; elle le passa, au milieu de sanglots, à Regnault St Jean d'Angely, qui acheva la lecture.

Elle déclarait consentir à la dissolution d'un mariage qui était un obstacle au bien de la France, et qui la privait du bonheur d'être un jour gouvernée par les descendants d'un grand homme.

Cambacérès donna acte des déclarations qui venaient de lui être faites, et en dressa procès-verbal, au bas duquel toutes les personnes présentes apposèrent leurs signatures.

Puis, Napoléon reconduisit Joséphine dans ses appartements où il la laissa, abîmée de douleur, aux soins de ses enfants et de ses femmes.

Quelques instants après, le Conseil privé s'assemblait et dressait le projet de sénatus-consulte qui devait, dès le lendemain, être soumis aux délibérations du Sénat. Il y était dit que le mariage contracté entre l'empereur Napoléon et l'impératrice Joséphine, était dissous ; que l'impératrice conserverait les titre et rang d'impératrice-reine couronnée ; que son douaire était fixé à une rente annuelle de deux millions de francs, et enfin que toutes les dispositions qui pourraient être faites par l'empereur en sa faveur sur la liste civile, et qui comprenaient, entre autres choses, l'abandon en toute propriété des domaines de la Malmaison et de Navarre, seraient obligatoires pour ses successeurs.

Le lendemain, 16 décembre, le Sénat se réunit sous la présidence de Cambacérès ; par une coïncidence lugubre, le prince Eugène y vint, pour la première fois, prendre séance ; il y fut admis avec le cérémonial accoutumé : discours du récipiendaire et réponse du Président, qui le félicita de se montrer vraiment le fils adoptif du héros qui gouvernait la France, en faisant taire les affections privées devant l'intérêt des peuples.

Regnauld St Jean d'Angely déposa le projet de Sénatus-consulte, qu'il accompagna d'une allocution ampoulée.

« Acceptez, Messieurs, dit-il en terminant, au nom de la France
» attendrie, aux yeux de l'Europe étonnée, ce sacrifice, le plus grand
» qui ait été fait sur la terre ; et, pleins de la profonde émotion que
» vous éprouvez, hâtez-vous de porter aux pieds du trône, dans les
» tributs de vos sentiments, des sentiments de tous les Français, le
» seul prix qui soit digne du courage de nos souverains, la seule con-
» solation qui soit digne de leurs cœurs. »

Eugène dut alors reprendre la parole, pour manifester, en quelques mots de commande, les sentiments dont sa famille était animée.

« Il importe au bonheur de la France, dit-il, que le fondateur de
» cette quatrième dynastie vieillisse entouré d'une descendance directe,
» qui soit notre garantie à tous, comme le gage de la gloire de la
» patrie. »

Il semble — à les tenir pour sincères — que la Providence n'ait entendu que d'une oreille distraite les vœux du prince de Beauharnais.

Une commission de neuf membres, nommée séance tenante, examina le projet : on y relève les noms du maréchal Serrurier, de Chaptal, Laplace, Lacépède et Monge. Au bout de deux heures ses travaux étaient achevés, et Laplace avait rédigé son rapport ; en quelques lignes il recherchait les précédents, et rappelait que, parmi les prédécesseurs de Napoléon, on pouvait citer treize rois que leur devoir de souverain avait contraints à dissoudre les nœuds qui les unissaient à leurs épouses, et, « ce qui est bien digne de remarque,
» poursuivait-il, parmi ces treize princes, nous devons compter quatre
» des monarques français les plus admirés et les plus chéris : Char-
» lemagne, Philippe-Auguste, Louis XII et Henri IV. » Il concluait en proposant l'adoption du projet et de deux adresses préparées pour être présentées, l'une à S. M. l'empereur et roi, l'autre à S. M. l'im-

pératrice et reine. Après la lecture du rappo l'abbé Grégoire voulut prendre la parole, mais elle lui fut refusée, orateurs du gouvernement ayant seuls le droit de parler. On passa au vote, et sur 87 votants, 76 sénateurs se prononcèrent pour l'adoption, 7 contre ; il y eut 4 bulletins blancs.

En somme, la présentation d'un projet, le travail d'une commission, l'examen des conclusions qu'elle formulait et le vote qui s'ensuivit, tout cela n'était que l'accomplissement de formalités réglées d'avance et l'exécution d'un programme convenu ; il n'y avait pas de doute possible sur le résultat, *omnia animalia dicentia amen*, s'écrie irrévérencieusement l'auteur d'un pamphlet du temps, qui s'efforce de démontrer la nullité du second mariage de Napoléon, et d'en déduire toutes les conséquences.

Pendant que le Sénat délibérait, ou — pour parler plus exactement — pendant qu'il votait, l'empereur avait une courte entrevue avec l'impératrice, qui tomba dans un long et douloureux évanouissement ; quand elle eut repris ses sens, elle fit à la hâte quelques derniers apprêts de départ, et, voilée, un bras appuyé sur l'épaule d'une de ses dames, elle quitta les Tuileries pour toujours.

Ce que durent être, dans la berline qui l'emportait à la Malmaison, ses réflexions désespérées, on l'imagine aisément ; quel tableau, fantastique et cruel, se déroula dans son esprit, pour peu qu'elle l'ait reporté à des temps qui ne reviendraient plus !

Marquise de Beauharnais, bientôt veuve, mais jeune, charmante et courtisée, puis épouse du général Bonaparte et du premier consul, puis impératrice des Français, impératrice-reine, elle avait connu toutes les joies de l'élévation et toutes les ivresses de la puissance ; et elle ne se voyait plus, à cette heure, que la femme divorcée, — pour mieux dire, répudiée — d'un homme qui la sacrifiait, sans regrets bien sincères, aux calculs d'une ambition sans mesure !

Le lendemain, 17 décembre, le *Moniteur* publiait, en tête de ses colonnes, la note suivante : « S. M. l'Empereur et roi est parti
» aujourd'hui à 4 heures pour Trianon ; S. M. l'impératrice Joséphine
» est à la Malmaison. » La feuille officielle insérait ensuite le procès-verbal de la séance du Sénat ; puis, elle reprenait le cours de ses informations banales qui se terminaient, comme de coutume, par le

programme des spectacles du jour. Au Théâtre français, les comédiens ordinaires de l'empereur annonçaient : *Les châteaux en Espagne*, et sur la scène de l'Ambigu-Comique, on joua une œuvre oubliée, et sans doute digne de l'être ; elle portait pour titre : *Chambre à louer*.

Il restait une autre formalité à remplir : on se souvient que le mariage civil, prononcé en 1796, n'avait été suivi d'aucune consécration religieuse ; mais, à l'époque du couronnement, soit pour dissiper quelques scrupules du pape, soit pour répondre à certaines hésitations de Joséphine, un mariage religieux secret fut célébré, la nuit même qui précédait le sacre, dans la chapelle des Tuileries, par le cardinal Fesch, en présence de Cambacérès et Berthier, selon les uns, de Berthier et Talleyrand, selon les autres.

Napoléon espérait que personne, sauf le cardinal et les témoins, ne savait cette circonstance ; mais Fesch avait parlé, et l'empereur se montra fort irrité de l'indiscrétion ; il prétendit, d'ailleurs, que la cérémonie, nulle en elle-même, n'avait eu pour but que de tranquilliser la conscience du pape. Il n'en fallait pas moins songer à faire dissoudre le lien religieux ; on devait en effet prévoir toutes les difficultés que pourraient soulever certaines Cours étrangères auxquelles on avait projeté de demander la future impératrice, et ne pas s'exposer à un refus.

Cambacérès encore fut chargé de déterminer la marche à suivre.

On assembla une sorte de conseil, composé de sept évêques, qui se heurtèrent dès l'abord à une difficulté grave : les autorités ecclésiastiques ordinaires avaient bien compétence pour prononcer la nullité du mariage d'un simple particulier, mais, pour un souverain, c'était au pape seul que l'on devait s'adresser ; or, l'on ne pouvait en ce moment — et pour cause — compter sur les bons offices du Saint-Père.

L'archi-chancelier de l'Empire écarta l'objection : il prétendit que le pape, investi de l'autorité nécessaire pour dissoudre un mariage régulier, n'avait même pas à intervenir lorsqu'on ne pouvait voir, en définitive, dans la cérémonie, célébrée sans l'observation d'aucune forme habituelle, que l'apparence d'un mariage ; on voulait trop ardemment être convaincu pour ne pas l'être par un argument de cette valeur ; et le conseil des évêques décida que l'officialité diocésaine, en premier ressort, et l'officialité métropolitaine, en dernier, avaient qualité pour statuer.

On instruisit alors une procédure canonique, et l'on recourut à une enquête.

Fesch y fut appelé; il ne cessa de protester avec énergie contre l'entreprise, affirmant que le mariage avait été contracté en bonne et due forme, et qu'on ne le pourrait rompre que par un acte d'arbitraire; mais les témoins soutinrent que Napoléon ne s'était prêté aux circonstances que sur les injonctions impérieuses du pape et de Joséphine, et qu'il n'avait jamais réellement consenti à un mariage, certain qu'il était déjà de l'obligation où il se trouverait de le faire annuler un jour; encore un peu, et l'on eût argué des faiblesses de ce singulier mineur!

L'autorité ecclésiastique se déclara suffisamment édifiée, et l'officialité diocésaine, ayant considéré que le mariage de Bonaparte et de Joséphine n'avait pas été célébré par le *propre prêtre*, c'est-à-dire par le curé de la paroisse de l'un des époux, en prononça la dissolution; sa décision fut confirmée, le 14 janvier 1810, par l'officialité métropolitaine; Napoléon était condamné envers les pauvres à une amende de six francs.

AMIENS. — TYPOGRAPHIE DELATTRE-LENOEL, RUE DE LA RÉPUBLIQUE, 32.

www.ingramcontent.com/pod-product-compliance
Lightning Source LLC
Chambersburg PA
CBHW070541050426
42451CB00013B/3122